Second Tongue

ALSO BY YOLANDA CASTAÑO

POETRY
Elevar as pálpebras (1995)
Delicia (1998; 2nd edition, 2006)
Vivimos no ciclo das erofanías (1998)
O libro da egoísta (2003; 2nd edition, 2004)
Profundidade de campo (2007)
Erofanía (2008)
A segunda lingua (2014)

SELECTIONS
Edénica (2000). Includes CD with poems set to music.
O puño e a letra (2018) (40 selected poems illustrated by
            40 Galician cartoonists.)

POETRY FOR CHILDREN
Punver (2006). Illustrated by Eduardo Hermida
Cando eu saiba ler (2009). Illustrated by Xosé Tomás
Punver de volta (2009). Illustrated by Eduardo Hermida
Cando eu saiba ler (2009). Illustrated by Xosé Tomás
Verdedades (2012). Illustrated by Xosé Tomás
Coller as rendas (2015). Illustrated by Xosé Tomás
Sementes viaxeiras (2019). Illustrated by Xosé Tomás

AS EDITOR
Pequenos encontros, as marcas deixadas (2010)
Cociñando ao pé da letra (2011)
Sempre marzo (2019)

AS TRANSLATOR
Nikola Madzirov: *Lo que dijimos nos persigue* (2013, with Marija Petrovska)
Marko Pogačar *La región negra* (2014, with Pau Sanchis)

Several collections have appeared in French, Italian, Macedonian, Croatian, Armenian, German, Serbian and Chinese.

Yolanda Castaño

Second Tongue

translated from Galician
by Keith Payne

Shearsman Books

First published in the United Kingdom in 2020 by
Shearsman Books Ltd
PO Box 4239
Swindon
SN3 9FN

Shearsman Books Ltd Registered Office
30 – 31 St. James Place, Mangotsfield, Bristol BS16 9JB
(*this address not for correspondence*)

www.shearsman.com

ISBN 978-1-84861-657-8

A segunda lengua won the Fundación Novacaixagalicia Prize, and was first
published by PEN Clube de Galicia in 2014, and in Spanish translation, as
La segunda lengua by Visor, Madrid, 2014.

Shearsman Books gratefully acknowledges the support of the *Secretaría
Xeral de Cultura, Consellería de Cultura, Educación e Ordenación Universitaria,
Xunta de Galicia* (General Secretary of Culture, Department of Culture,
Education and University Administration), in the publication of this volume.
(*Esta obra recibiu unha axuda da Secretaría Xeral de Cultura da Consellería
de Cultura, Educación e Ordenación Universitaria da Xunta de Galicia na
convocatoria de axudas para a tradución e/ou edición do ano 2019.*)

Acknowledgements are due to the publishers and editors of the following
books and journals where previous versions of some of these poems, either
in Galician or in English translation, first appeared: *El canon abierto* (Visor,
2015), *O puño e a letra* (Xerais, 2018), *Punto de Ebullición* (Fondo de Cultura
Económica, 2015), *The Level Crossing, Poetry Wales, Six Galician Poets*,
ed. Manuela Palacios, Arc Publications, 2016.

CONTENTS

A segunda lingua

Second Tongue

CALAMAR

Baixo o teu medio favorito
nada un banco de respostas.
As túas conviccións nenas
dormen con peixes.

O que se sustenta na pluma brilla
canto máis negro é o seu redor.

Polo menos, ti,
empregarías toda esa tinta
con máis talento.

As algas transparentes
agárranse a un motivo molusco.

A vergonza é un calamar.
Co medo escuréceo todo
e ten
demasiadas

patas.

SQUID

Under your favourite element
a shoal of answers floats
while all your girlish notions
are swimming with the fish.

Everything that gleams through the pen
pours darkness

you at least
would make better use
of this ink.

The seaweed limpet
clings to its convictions.

Shame is a squid:
it scuttles
behind everything
and has
far
too many

legs.

RECICLAXE

E o azougue gastado no espello do toucador.

Dende a man que procura o pálpito
aproveito folios xa usados;
a tinta negra da outra cara advírtese por tras
e penso
que tamén se escribe así,
anotando palabras novas mentres outras
anteriores
se transparentan.

RECYCLING

And the quicksilver gone from the mirror.

From the hand feeling for the trace
I make the best of jaded pages;
the black ink from the flip side shows
and I think
this could also be writing;
scribbling new words while other
earlier words
seep through the page.

CÓMO LER POESÍA

Deberías haberme visto leyendo a Marx
en la playa
Alberto Santamaría

Tombada sobre a area, dúas horas na praia
ata que as miñas escápulas encastan co horizonte.
Todos os punto e seguido que escribín na miña vida
son mil menos ca os graíños sobre os que tendo a toalla.
Dende aquí podo ver cumes, toldos, metas,
tellados sobre os que as rulas fan prácticas de voo.

Ao areal sáenlle no verán parasoles coma espullas,
e no ceo as nubes bobas: onde vai unha, van todas.

Boca arriba sobre a area, estudo a mellor postura
para que nada me expulse desta voz extraterrestre.
Un leve xiro de cabeza ha de poder ser abondo;
o ceo é mellor non miralo nunca de fronte.
Pecha sempre o ollo ao que lle toca estar arriba,
fai que o teu propio nariz sexa quen de tapar o astro,
pero mantén a outra córnea enfocada e ben alerta,
suxeita firme o libro, muda adoito de postura.

As barrigas dos bes han acabar por flotar nas ondas.
Protexe a pel, destapa o resto.
Deixa que as palabras remonten os seus propios símbolos.
Non intentes traducir o son que fan as buguinas.

HOW TO READ POETRY

You should have seen me on the beach
reading Marx
ALBERTO SANTAMARÍA

Lying for hours on the beach till my shoulders
sink into the horizon   every full stop
tapped out will never amount to more
than the grains of sand under this towel.
I can see the peaks, the awnings, the nets
and the pigeons rehearsing flight.

All across the sand sun brollies blister in the summer
and the clouds mob; where one goes, they all follow.

Face up and fidgeting for the best angle
so nothing distracts me from the voice of beyond.
Just a slight turn of the head will do;
best not catch the sky straight in the eye
so I close the one that's looking to the light
shade the blue   but keep the other cornea
focused, fixed on the page   Now change.

The bellies of all the capital Bs end up on the sea
you cover up your skin but let the rest breathe.
Let the words float on the tides of themselves
but don't make a fist of the sound of seashells.

FACER DIETA

Todas as cousas que non dis
enchen a despensa do meu tempo.

Sobre os fogóns, a voz é unha chama
que sabes avivar baixando o lume.

Cóntasme entón que vas facer dieta.
O teu amor pola comida vai pasar a ser vicario.

A renuncia atópase nalgún recanto ao fondo de nós:
debes espremela por ti mesma coma unha froita.
Igual que eu non podo
falar a través da túa voz,
nin mastigar a comida por ti porque non somos
paxaros.

Acabarás por lograr que te sacie
non a carne, pero o seu signo.

Non saibas máis do que precisas,
non tragues aquilo que só tende
a se acumular en recantos pouco ventilados.

Non quedes a mirar como o capital compra o desexo.
Todas esas gorxas rebozando en apetencia os seus tributos.

Que outras ratas devoren ese dezmo.
Ti non sabes canto me alimentas.

ON A DIET

Everything you've never said
fills the shelves of my days

over the flame your words flare
as you lower the heat

you tell me you're going on a diet
to live vicariously your love of food.

Your flair to refuse is hidden within:

you should find and squeeze it like a fruit.
I can't say your words for you
nor can I chew your food for you
– we're not birds.

You'll still be stuffed
not with the cream, but the filling.

Don't ask more than you need to
or swallow too much
– it'll only stick to you.

Don't crave a golden grill for your mouth
all those gullets sopped in their own starving.

Leave the rats devour the scraps from the table.
You've no idea how you nourish me.

METROFOBIA

Ao fondo da paisaxe, a chuvia
esvaece as nubes cun borrón.
Esta folla de ruta milita na xograresca.

Xa teño gana de partir e o meu coche é un soldado.
Non vas oíndo chifrar o seu cargamento sensible?
As estradas comarcais parecen
cadernos pautados.
Gustaríame sucar os montes cun poema ao lombo coma os viaxantes.
O meu coche é unha bala prateada con
ritmo en vez de pólvora, e eu dígolle: "Vamos!".
Xuntos atravesamos vales, barrios de funcionarios,
as grandes explotacións eólicas
danme ganas de loitar contra os xigantes.
O meu coche mais eu entendémonos sen dicirnos nada.

Flores brancas do ibuprofeno,
o meu coche é un soldado
e eu dígolle: "Vamos recitar poemas
a Monforte de Lemos!",
e el
acompasa o seu motor ao meu rexistro,
repenica,
badalea
aínda que teña
metrofobia.

METROPHOBIA

Off in the distance the rain
stains the clouds.
This map is true for balladeers.

I can't wait to go round and my car is a good soldier,
can you hear its sweet cargo whistle?
The old roads open up
like a ruled notebook,
how I'd love to score the mountains like a sales rep
my case full of poems.

My car's a silver bullet burning with rhythm
instead of gunpowder and I shout *Vamos*!
Together we bear down on valleys,
civil servant suburbs and those huge windmills
urge me on to face the giants.
We get each other, my car and me
            – no words are needed.
White lilies of paracetamol,
my old soldier
and I say *Let's go read poems
in Monforte de Lemos!*
his engine
humming along to my tune;
it rattles
and sings
even though he's got
metrophobia.

PEDRA PAPEL TESOIRA

Cando miran os ollos pechados,
as rodas vólvense un xogo de mans.

(O libro da poesía ábrese de máis
e convértese en baralla).

Non é arrogante acender unha luz,
tampouco miserable escribirmos ás escuras.

Non perdas áncora ao mundo,
nin tacto co que as palabras soporta,
non temas en serrarlle as patas
para que poida chegar aínda máis alto.

Aquí
xeramos linguaxe.

Realmente escribimos
porque unha imaxe vale máis ca mil palabras.

ROCK PAPER SCISSORS

When shut eyes can see
the cycle becomes a sleight of hand.

(The poetry book opens far too much
and up pops a deck of cards).

It's not cocky to flick a switch,
or afflicted to write in the dark.

Don't let go your hold on the world
or lose touch with the word footing,
take a saw to its legs
you might find you reach even higher.

Here
we provoke language.

Of course we write
for a picture's worth a thousand words.

COUSAS QUE COMEZAN POR Y

Esa nostalxia, as violetas,
unha sinatura tan allea ás nosas linguas,
estar de viaxe, Armenia, signos estranxeiros,
a capa carnosa que cobre a miña sensación.
Un país que non existe, a terra rara septuaxésima,
en vastas extensións o mínimo elemento para a cópula.
Todo o varón que hai en min,
ás veces ti, e eu outras,
non teño ningunha palabra de nove letras.
Vítima e verdugo abrazados nunha soa lingua,
horizontes aos que nos guindar: ao mar, a Portugal, a España.
O sendeiro impracticable do tao, gaiolas aladas nos setenta,
o vermello das pantallas, algúns metais prateados.
O punto da túa vida no que non sabes que decisión tomar,
tres liñas iguais, soñando un pacto,
a memoria escura da nación terrible.
A violación do meu nome, o último que che escribo.
A xuventude, corréndonos entre os dedos en distintas direccións.
Cando abrimos a porta do cuarto de baño da poesía
atopamos o pai convertido nunha rocha.
A mera ocorrencia de que poida ser un xugo ese sur,
yo-lan-da-cas-ta-ño repetido ata que non significa   nada.
Segundo algúns códigos, o meu número inevitable,
a simultánea prole dunha illa que implora,
o tormento do modisto, os cascallos do medievo.
O respectado capricho dos nacionais patriarcas,
os desvelos do illamento nunha aldea de Suecia,
o bendito sabor das uvas de Corinto,
mercé dos teus labios nunha hora futura
e, entre as pernas, o meu sexo
que tamén comeza
por Y.

THINGS THAT BEGIN WITH Y

That nostalgia, violets,
a signature so far from our tongue,
on tour, Armenia, foreign signs,
the plump covering of my sensation.
A non-existent land, the seventieth rare earth,
vast expanses with the minimum space for coupling.
All the man in me,
at times you, and I others,
I have no nine-letter word.
Victim and executioner embraced by the same tongue,
horizons we launch ourselves at: the sea, Portugal, Spain.
The unworkable Tao, cages taken wing in the seventies,
the red on the screens, chrome metallic.
That point in your life when you don't know what's next,
three equal lines dreaming a covenant,
the black memory of that awful nation.
The violation of my name, the last thing I write to you.
Youth running between our fingers in different directions.
When we open the bathroom door of poetry
we find the father become a rock.
The mere chance that South could be a yoke
yo-lan-da-cas-ta-ño repeated till it means   nothing.
According to some ciphers, my inevitable number,
the in-sync brood of a craven island.
The dressmaker's torment, the sweepings of the Middle Ages.
The esteemed whimsy of the national patriarchs,
the trial of confinement in a Swedish hamlet,
the blessed taste of the grapes of Corinth,
the mercy of your lips to come
and, between my legs, my sex
that also begins with
Y.

PAPEL

O branco é a unión de todas as cores do mundo.
As nosas notas serían, ao alerce,
o que ás follas as follas.

Os resortes da vida vicaria
non permiten a elocuencia do garabato.
Talvez por iso
as partes baixas do discurso chaman por min e
quero ensuciarte.

Bebés e anciáns e outras
criaturas eminentemente básicas precisamos aínda da caricia.
Literalmente, non podo separarme deste papel.

Portabilidade da polpa, celo da celulosa.
Non pode haber talladas
                                    máis finas de significado.
Esta é a cuadratura do círculo da vida:
as árbores naceron aquí
              e transformáronse en palabras.

Literariamente,
non podo separarme deste
papel.

PAPER

All the colours in the world find white.
Our scratching is to the maple
as leaves are to leaves.

The font of the vicarious life
won't allow the doodle's eloquence.
Maybe that's why
base language calls me
and I want to mark you.

Babies and the old and simple souls,
are still in need of a touch
I literally can't tear myself away from this paper.

The flexibility of pulp, the care of cellulose.
There can be no finer slice
                    of significance.
This here is the squaring of the circle of life:
trees were born here
            and transformed to words.

Literarily,
I can't tear myself away
from this paper.

LINGUADO

Para min levas no teu nome algunha das cousas que máis che gustan.
Carne branca, sabor delicado,
iso para que vaias lendo entre liñas de
flotación.

Porque a afunde no seu título, penso nun
linguado.
Delgado e escuro coma un poema, presa difícil na desorde.

Deixa que o teu lado cego se deite no leito do
meu curso.

Porque nós somos quen mesturamos
as sereas coas sardiñas, ti tiñas tamén
que nadar entre estas páxinas.

Non entran versos se boto as redes, becho.
Vou quedar na borda mirando para el.

O sorriso cubista do linguado:
sempre poñendo a mirada
dende o lado oposto
do corazón.

TONGUEFISH

A white-fleshed delicate taste
you hold in your name the thing you love most.

Now that's just so you can read between the waterlines.

I think about tonguefish
submerged in its name
slim like a dark poem
hard to catch in the chaos.

Won't you lie down
blindside along my riverbed?

Since we blend sirens
and sardines you'll just
have to swim these pages.

And though I'll not catch verses casting nets
my treasure
I'll keep watch from the gunwale.

That Cubist tonguefish smile:
always watching
from the dark side
of the heart.

PAN DE CELEBRACIÓN
(It's an unfair world)

O mundo é un hotel sen mostrador de recepción.
O don da elocuencia non é un ben comunitario.

Non se repartiron así nin os pans nin os peixes.
Por estribor a carne e por babor as espiñas.

Ides perder a cabeza e chóvenvos
sombreiros,
os ricos terán cartos os pobres terán fillos.

Eu sei dun pan que eu partiría en anacos
que fosen minúsculos e durase para os restos;
se unha faragulla pode ocuparlle a boca a alguén,
se pode saciar, se talvez destrabala.

Coma botes salvavidas na gloria do Titanic,
soutos de peites para quen está
calvo.

Urbi et orbi da retórica: nin está nin se espera.
Calcétanse barbas para quen non ten queixelo.

Tocáronlles a algunhas bocas tres segundos de memoria.
E Deus ha dar ese pan
a alguén con ben menos dentes.

BREAD OF CELEBRATION
(It's an unfair world).

The world is a hotel with no reception desk.
The gift of eloquence no common good.

That's not how the loaves and fish were shared.
Over portside the bones the meat over starboard.

You'll lose your head and it's raining hats,
money for the rich, and for the poor more kids.

I know of bread I'd shred into pieces,
morsels that could do for later;
if only a crumb could fill you up,
could satisfy, could open your mouth.

Like lifeboats on the majestic Titanic,
a thicket of combs for the man
with no hair.

The *urbi et orbi* of rhetoric: 'neither is he here
          nor are we expecting him'
Beards are knit here and you're a chinless wonder.

Some mouths were handed out a three-second memory.
And God will give this bread
to someone with less teeth.

A VOZ DA ÉPOCA

Os croissants desta mañá
xa saben algo resesos.
Os xornais sobre a mesiña
son unha fame ventrílocua.

Quixera que a visión non fose
un acto irreversible,
que o noso sentido da historia se estendese
ata máis alá do almorzo.

Apearnos de cada *playback*,
coreografía das entrevistas.
Xa non verdades como puños, verdades como
mans abertas.

Os titulares teñen un gusto a conversa de ascensor;
o mundo, un gran programa de escritura preditiva.

A noticia lida con máis convencemento
é aquela sobre a que
pelo unha pataca.

Moita información está perdendo os papeis.

A verdade havos facer
escravos.

VOICE OF THE TIMES

The croissants this morning
are already off
while the papers on the table
aren't to my taste.

If only seeing
could be undone
If only the times would last
past breakfast.

We step back from the lip-syncing
from choreographed interviews
no more truth like slaps
but truth like open arms.

The headlines make for great Muzak
sending you into the day
shaped by predictive text.

The most convincing news
I read
is catching
my potato peels.

So much of this information
should be written off.

It's only the truth will
enslave you.

A POESÍA É UNHA LINGUA MINORIZADA

Comezaría polo espesor. A súa acidez, o seu ph.

Camiña igual ca unha muller:
entre o masacre do invisible
e o campo de concentración da visibilidade.

Ladra estilo e final,
unha épica hospitalaria.

No poema a linguaxe
faise ouvidos xordos a si mesma,
nel as palabras amplían
o seu círculo de amizades.

Hai que masturbar o abecedario
ata que balbuza cousas
aparentemente inconexas.

Caixa de cambios da fala,
acenos doutra orde.
O sorriso do mosquito dentro da pedra de ámbar.

Non se trata de que non comprendas árabe.
Non entendes

poesía.

POETRY IS A MINORITIZED LANGUAGE

I would start with its breadth. Acidity, pH.

It walks like a woman:
between the massacre of the unseen
and the concentration camp of visibility.

It bellows style and polish,
a neighbourly epic.

In the poem, language
falls on its own deaf ears,
the words amplify
their circle of friends.

You need to frig the alphabet
till it spouts
unlikely links.

The changing gears of chatter,
the tell of another order.
The mosquito's smile in the amber.

It's not that you don't get Arabic.
You don't get

poetry.

O PUÑO E A LETRA
(Talón negro de Aquiles sobre branco chan)

Coma nun *lapsus linguae* un murmurio revelado.

(Cada vez que escribo unha das palabras desta folla,
algo se deita ao meu carón e
introduce os seus dedos no meu sexo).

Estúpida deslinguada en diferido, tamén a pel se corta
co máis feble papel
e sae sangue.

Un minuto pendular un alarido unha
férula de descarga.

—A ti o que che salva é que
non sabes o que dis.

Se todo ese sol encontra un día
unha físgoa pola que escapa.

Pequena Xoana de Arco: non haberás calar nin
dende dentro da fogueira.

Atravesa unha porta. Faite un buraco na lingua.
Leña para esta pía de beleza e desmemoria.

Se coñecese o que estou a escribir neste momento
guindaría inmediatamente ao chan este bolígrafo;
se soubese a clase de monstro que teño entre as miñas mans

calaría.

IN HER OWN HAND
(The black heel of Achilles on a white floor)

Like a slip of the tongue a whisper tripped

(every time I lay a word on the page
something stays, takes hold and
parades its fingers through my sex)

bigmouth's strike delayed
the skin can as easy slice and bleed
from the lightest paper cut

a minute swung in the air
a shriek a mouth guard

– your only saving grace is
you've no idea what you're saying

what if all the sunlight one day
managed to seep through the breach?

Tiny Joan of Arc: you'll never be quiet
not even from within the flames.

Over you go. Pierce a hole in your tongue
set the pyre for beauty and oblivion.

If you knew what you were scribbling right now
you'd fling your pen to the ground;
if you knew the class of beast you held in your hand

you wouldn't speak.

O SUBLIÑADO NON É MEU

Non dixen rosa, nin azul,
non poñas iso na miña boca.
Eu non dixen *queda clausurado o interior,*
nin brindei por que queiramos todo canto debemos.
Eu non prometín ser quen de poder xestionar o desastre,
nin dixen que certas palabras
me esquivasen coma cabaliños do demo.
Non dixen *necesítote*, non conxurei providencias,
nin un só dos cen nomes de deus
viñeron pousar sobre os meus labios.
Non poñas na miña boca
palabras de *para sempre*,
nin que os últimos complexos
teñan saltado de min igual ca as pulgas.
Non dixen patria nin matria,
non poñas iso na miña boca.
Non dixen *casa comigo*, nin
limarei a miña vida ata que encaixe nos buratos.
Non houben ser eu quen rimou destino con desexo.

Non poñas iso na miña boca.
Pon mellor

iso
outro.

EMPHASIS NOT MINE

I didn't say pink I didn't say blue,
don't put those words in my mouth.
I didn't say it all stays inside
I didn't raise a glass just to settle for all that.
I didn't say I could manage this mess
nor did I say that certain words
flew past my mouth like dragonflies
I didn't say *I need you*, nor ask for protection,
not one of the hundred names for God
came to rest on my lips.
Don't ever put words like *forever*
in my mouth.
I never claimed my phobias
had flown from me like fleas.
I never said fatherland or motherland,
don't put that in my mouth.
I didn't say *marry me*, nor
did I say I'd *polish my life till it fits the square peg.*
It ain't me who rhymed love and lot.

Don't put that in my mouth.
Though you might

put that in
instead.

TRÁGAO TODO

Se deixo de respirar, podo tragalo todo.
Ata as miñas palabras.
Como cando dixen *tes unha preciosísima*
cara de terrorista, ou cando dixen *el foi*
o máis importante do meu mundo.
As palabras, bolos nutricios sen conciencia de si mesmos.
Os erres dobres hai que mascalos ben,
os os pechados, mellor con líquidas,
os is xa baixan soíños.

Pero as túas non. As túas palabras, como cando dixeches *hai moito*
que facer na vida
como para quedar a durmir contigo, esas,
esas palabras, eu, mastigaríaas ata facelas
papa.
Pero as miñas, as miñas palabras, como hai algo
que botei de menos, ou queda canda min, ou se só se
   respirase mellor
trasladaría aquí a miña residencia, esas, así me repitan
coma o allo.

De que parte do corpo saen as palabras?
De xeonllos a piques de crebarse? De mans abertas? De orellas
taponadas con cemento?
As palabras que máis me gustan a min son as que saen da boca.

SWALLOW IT

If I stop breathing I can swallow it all.
Even my own words.
Like when I said *you've the most beautiful*
terrorist face I've ever seen, or when I said
he meant the world to me.
Ignorant pills to be swallowed.
The double R's have to be well chewed,
the closed O's go better with drink,
the I's slide down on their own.

But not yours. Your words, like when you said
there's too much to do in this life
than spend it sleeping with you,
I'd chew them all and spit them out.
But when I said *there was something*
missing or *stay with me* or *if only*
I could breathe here in under your skin
                    I'd move in,
now those words repeat like garlic.

What part of the body do the words come from?
The trembling knees? The open hands?
The cemented over ears?
The words I like best are those that
come straight from the mouth.

LESS IS MORE

Non me dixo
se che contase o repugnante que encontro a túa boca,
o charco das túas hormonas pringosas e clamantes.
Preferiría meter os dedos nun cable de alta voltaxe
que a miña cara na redondez irrespirable das túas tetas.
Non me dixo
así me caia enriba agora mesmo unha pía de lastras
antes ca a responsabilidade das túas noites de febre,
que corra o aire entre a miña vertical
e o pastel de xenxibre das túas ganas.
Prefiro alfinetes nas cuncas dos ollos
mellor ca a xelatina das túas debilidades.
Non me dixo *fuck off,* non me dixo *vete*
a la mierda.
Prefiro unha dor de ouvidos, un puño na boca do estómago.
Repúgname o fragor tan rural da túa fame,
escoitar berrar as túas coxas
coma bacoriños rosados abertos a machadas.

Simplemente
el non me dixo.

LESS IS MORE

He didn't say
If I told you how repugnant your mouth is to me,
the puddle of your greasy, clamouring hormones.
I'd rather stick my fingers in the socket
than my face in the stifling capaciousness of your tits.
He didn't say
Sweet Jesus! For a landslide of rocks on my head right now
rather than the burden of your feverish nights,
give me breathing space between me
and the cloying sweet sponge cake of your needs.
I'd rather stick needles in my eyeballs
than suck the pulp of your decrepitude.
He didn't tell me to *fuck off,* he didn't tell me *vete*
a la mierda.
I'd rather an abscess in the ear, a fist in the pit of the stomach.
I can't stand the country clamour of your hunger
listening to your thighs scream
like piglets waiting for the axe.

He simply
didn't say.

ESTADO DE CONVERSACIÓN

(On parle français, English spoken, fala-se português)

Unha lingua franca
é coma terra de ninguén.
Cada vez con máis frecuencia,
debo manter conversas en
idiomas estranxeiros.

Hai que levar a gramática coma cadelos lazarillo.
Non está ben que as pezas
entren neste puzzle pola forza.

A pronuncia abre un espazo na boca e os
significados non lle seguen.
Os arquivos adverbiais
alguén debeunos de cambiar de sitio.
Espera a ver que conxugue
a miña idea do caos cun pretérito perfecto.

O meu vocabulario está en números vermellos, e ti
nadas na abundancia.

Acompañareite para que marches,
despedireime de ti para que
sigamos en contacto.

O día xa suma horas de
enchufes de frases con sentidos.

É
empinado pastorear este afán,
é
traballo regar a flor do seu sistema.

THE STATE OF CONVERSATION
(On parle français, English spoken here, fala-se português)

A lingua franca is a no man's land
as more and more I find myself
speaking foreign tongues.

Let the grammar lead you like a guide dog
there's no point fumbling about in the dark
hoping to stumble across the right piece of the puzzle.

Though saying the word opens your mouth wide
meaning doesn't always follow.
Somebody must have moved those adverbial files,
just give me a minute to decline
my idea of chaos into the present perfect.

My vocab. is in the red
while you're sitting pretty.

So I'll see you to the door to let you out,
here's your hat do keep in touch.

I've been trying to play
the right spiel all day.

It's
an uphill battle
goading this zeal.
It's
all hard graft
tending its growth.

Nos meus días reais
cánsaseme a lingua.
Nas miñas fantasías,
cánsaseche a ti.

My tongue gets tired
in my working day
but it's yours that tires
in my dreaming night.

LISTEN AND REPEAT: un paxaro, unha barba

Todo o ceo está en crequenas. Unha sede intransitiva.

Falar nunha lingua allea
parécese a poñer roupa prestada.

Helga confunde os significados de país e paisaxe.
(Que clase de persoa serías noutro idioma?).

Ti, fasme notar que, ás veces,
este meu instrumento de corda
vocal
desafina.

No patio de luces da linguaxe,
engánchame a prosodia
no vestido.

Contareiche algo sobre os meus problemas coa lingua:
hai cousas que non podo pronunciar.

Como cando te vexo sentado e só vexo
unha cadeira —
ceci n'est pas une chaise.
Unha cámara escura proxecta no hemisferio.

Pronunciar: se o poema é
un exorcismo, un cambio de agregación; algún humor
solidifica para abandonarnos.

Así é a fonación, a entalpía.

Pero tes toda a razón:
o meu vocalismo deixa
moito que desexar.

LISTEN AND REPEAT: *un paxaro, unha barba*

The whole sky is hunched. An intransitive thirst.

Talking a foreign language
is like wearing borrowed clothes.

Helga confuses the words for land and landscape
(who would you be in another language?)

You show me
my vocal chord
is at times
off key.

In the back garden of language
It's the prosody that snags
my dress.

I'll tell you something about the problems with language:
there are things I just can't wrap my mouth around.

Like when I see you sat and all I see
is a seat –
ceci n'est pas une chaise.
A camera obscura beams on the hemisphere.

Pronounce: if the poem is an exorcism,
a change of state, some humour
takes shape to escape from us.

That's phonation, enthalpy.

But yes, you are absolutely right:
my delivery leaves
much to be desired.

(Se deixo de mirar os teus dentes
non vou entender nada do que fales).

O ceo faise pequeno. Helga sorrí en cursiva.

E eu aprendo a diferenciar entre unha barba e un paxaro
máis alá de que levante o voo
se trato de collela
entre as mans.

(If I'm not watching your teeth
I won't understand a word you say).

The sky shrinks. Helga smiles in italics.

And I learn the difference between a beard and a bird
– and not just what takes off
when I try to hold it
in my hands.

FISIOTERAPIA

Retira baixo os teus pés esa alfombra de molicie.
Como un órgano flexible acaba esquecendo que o é?

Como pode ser que unha cousa
                    se feche nun nome e xa non saia nunca?

Hai músculos que
convén exercitar.

Obxectos de transición, asentos, cinta illante.
A leve convulsión dunha glote ao tragar
recórdame os dispositivos
de seguridade
das guillotinas.

Un estoxo para o medo todo bordado de sintagmas.

Cómpre engraxar as pezas que serán máis tarde executoras.
Se non, as liñas da túa fala, coma volutas semióticas,
haberanse enmarañar coma se fosen pasta konafah.

Tes que sacar a flote
a dioptría para o estilo:
o sentido do gusto
está aloxado na lingua.

Tes que adestrar a engrenaxe da túa xorda fricativa,
da túa noción da prudencia, dos oblicuos.

O peso doutro corpo
para probar a nosa forza.

Retira esa mol alfombra. Tensa esa corda. Hai músculos.

PHYSIOTHERAPY

How easy a soft organ can forget itself.
Lose the shag carpet from under your feet.

How easy
        to get locked in a name
                    and never leave?

You have muscles
that need working.

Comfort blankets, cosy chairs, insulating tape,
the convulsion of the glottis when swallowing
reminds me of the trigger
on the guillotine.

A small basket for the fear embroidered with syntagmas.

You need to keep the pieces well oiled.
If not, the lines of your speech
are entangled like baklava.

Keep style's optic
in your sightline:
the sense of taste
that lives in the tongue.

You need to strain your lazy fricatives, your notions
of prudence, your obliques.

The weight of another body
to test your strength.

So lose the shag carpet.
             Tighten the rope.
                   You have the muscles.

O MEU AMIGO FALA ATONAL

O teu idioma carece de artigos definidos,
por iso me dis que vas deixar o xuño para o París.

Cando falamos, acabamos todos manchados de linguaxe,
é só na lingua nai que acadamos o propio silencio.

Porque falas atonal non sei
se agacharás as graves lagoas dunha oda
ou os riscos esdrúxulos da épica.

Se digo esa palabra estará moi lonxe dos meus labios.
Ti seguirás buscando respostas na etimoloxía.

Ti sempre sabes taxar
o que soltar e o que deixar a salvo,
só o teu timbre nunca ten claro
onde poñer os acentos.

Que o que digamos sexa
menos importante que o que nos sande.

Cada lingua é unha lesma
arrastrando o seu ronsel de baba.

Estou segura de que en París te expresarás ben agudo.
Se só puidese escribir coma ti.

MY FRIEND SPEAKS OFF-KEY

Your language lacks the definite article
so you're leaving in *the* June for *the* Paris.

When we speak we're all slurred by speech,
it's only our mother tongue endures the silence.

Since you speak off-key I cannot tell
if you've within the *deep-delved earth*
or *things unattempted yet in prose or rhyme.*

If I say it thus it'll be far from my lips
and you'll be after etymology for answers.

You always know what to let loose
and what to keep close;
it's just your tone never knows
where the stress might fall.

If only what we said mattered less
that what might save us.

Tongues are slugs dragging
behind their trail of drivel.

I've no doubt you're sharp in Paris.
If only I could write like you.

LOGOPEDIA

Deixa que che ferva un té que nos recorde a quen amamos.
Algún pequeno lugar nun recanto da túa mandíbula
ten que poder conseguir ata esencia de bergamota.

Pero de toda a vida nos matan
os problemas de dicción
(ese seu ese que prende
nas miñas ganas de sorberllo).
E ti es tan palatal, tan liminar…
agachando un simulacro debaixo das moas do xuízo.

Nunca habería medrar o deus da fonoloxía
se o significado non espallase
o seu esperma sobre os ouveos.

As miñas cordas vocais vólvense sogas
para esta calamidade que non encontra maneira.
O gue vai tirar entón da campaíña da miña glote
coma un tren desbocado que quixésemos frear.
E o teu nome
pégaseme ao padal,
como que o comungo.

Non é doado pronunciar earl grey.
Bonjour monsieur, quero un earl grey.

Pero o que quero eu

si que é impronunciable.

LOGOPEDIA

Let the tea draw till it recalls who we love.
Some nook in a corner of your mouth
must hold the essence of bergamot.

We're forever being done in
tripping over our tongues
(that 's' of his that feeds
my need to sop him up).
And you're so palatal, so on the edge…
a likeness buried under your wisdom teeth.

The god of phonology would never have grown
had the meaning not sprayed its sperm
over the howls.

My vocal cords are become straps
for this endless wreckage.
The 'g' will ring the little bell of my glottis
like a runaway train we hoped would stop.
And your name
cleaved to my palate,
like communion.

It's not easy to say earl grey
Bonjour monsieur, I would like an earl grey.

But what I'm after

now that just can't be said.

DA TÚA BOCA AOS OUVIDOS DE DEUS

Cabería pensar que fose boa amante
unha lingua adestrada no checo-eslovaco.

Pero hai fonemas que se portan mal,
nunca alcanzarán o ceo da boca.

Ao paso da conversa saen ruídos, bárbaros dragóns, amigos falsos.

Isto tamén é así: buscar ás tentas pistas
cando intento lerte.

Igor, Karlis, agora non sei nin escribir os seus nomes.

Non é lexible este reclamo.
Corramos un tupido
veo do padal.

Señor, dígollo de xeonllos: desculpe o meu francés.
É confuso.

Vou agardar a que a súa lingua limpe toda esta desorde.
(Velo era como recibir un novo libro seu entre as mans
e atopalo escrito nun idioma no que non ren entendo).

Hai soles que nunca se acaban de poñer, coma en Finlandia.

Señor: o libro máis difícil que lin na miña vida
é usté.

FROM YOUR LIPS TO GOD'S EARS

You'd think a tongue trained in Czech
would make for a good lover.

There's phonemes so badly behaved
they never leave the corner of the mouth.

As the talk rambles on there's an attack
of barbarity, false friends and cacophony.

But this is also true: me, I'm fumbling for clues
while I try and read you.

Karlis, Igor, I can't even write your names anymore.

This line is illegible, quickly
brush it under the palate.

Please *monsieur*, I'm on my knees,
if you'll excuse my French.

I'll sit tight till your tongue laps up this mess
(seeing him was like receiving his new book into my hands
but finding it written in a language I don't understand).

You know in Finland there are suns that never set.

Dear Sir, the most difficult book I ever read
is you.

SÓ UN MALENTENDIDO

Unha reserva de articulacións, ese lago austral, un zunido.
A provisión da súa carga aseméllase a un cigurat.
Buratos a través dos cales procuramos rozar outra cousa.

Aínda que parecese o contrario, ti calabas todo o tempo.
Tantas oracións subordinadas para non acabar dicindo nada.
Daquela eu fartábame e pregábache: *Fala*!, e ti
contestábasme entón cunha benvida que eu interpretaba como unha
invitación a entrar.

E por fin a equivocación caendo coma un
testo dende o peitoril dunha fiestra.

Quen te fixo sentir con ese dereito?
Quen demo te fixo sentir con ese dereito?

Pedíchesme que non te volvese dar as grazas nunca máis.

JUST A MISUNDERSTANDING

A quiet reserve, a southern lake, insects buzzing,
his delivery like a ziggurat,
pockmarks through which we try to reach something.

Though it seemed otherwise, you were quiet the whole time.
All those digressions and you'd end up saying nothing,
so fed up, I'd scream *Fala!*
and your reply of *you're most welcome*
I took as an invitation.

Till finally the penny dropped
like a pot from the windowsill overhead.

Who gave you the right…?
What makes you think you could…?

You asked me to never give thanks again.

O SAUDADOR

Prata, unha coartada, só a terra está en silencio.
Un caos pequeno engastado no bordo maxenta das cousas.
Medula ás apalpadas, raíces adventicias.

Ti saudábasme entón coa man,
coma sempre de lonxe, coma sempre cos brazos remangados.
Cando levantabas o pulso para facelo
puiden ver entón a roda catarina e, daquela, entendino todo—ti eras
exactamente iso: un saudador, talvez un embaucador, un feiticeiro.

Outra resposta posible facíate o artefacto,
un cetro con toma de terra,
capaz de recoller a descarga semántica do trebón
e conducila polos teus fíos de metal a transformala.
Por iso o cata-lizador, o que toma e precipita.

Un elo da tracción, ve como salva a escorregada,
o que xira ao revés para aplicar o sentido,
cada un dos ciclos que a dentadas nos despeza.

O tempo é pequeno dabondo
como para que un día ese piñón e a outra
peciña dentada fagan clic.

Talvez sinxelamente amaches unha muller con ese nome de lúa.

Onde colocar o meu corpo para ler unha marca?
Dende onde
procesar?

THE CHARMER

Silver, an alibi, while the earth lies silent.
Just the shred of bedlam set on the magenta border.
Fumbling for the core, for the adventitious roots.

You waved at me, as always from far off,
as always with your sleeves rolled-up.
When you raised your arm to wave
I saw the wheel and knew –
I knew exactly what you were:
a charmer, an enchanter, a swindler.

Though it's possible you were simply
a device, a lightening rod
adept at collecting the semantic shock from the chaos
grounding it or even sending it out
– the wheel that takes and then keeps spinning.

As the cogs gain traction there's no room for error
sometimes even turning in reverse to make sense,
each turn of the wheel dismembering us.

And time is so short these wheels
may never click into place.

Or it's possible you just simply loved a woman
by the name of Catherine.

So where do I place my body
in order to see the mark?
How do I begin read?

FIN DA CITA

Ao lonxe semellaban os barcos
depositados sobre o tendal do horizonte.

As miñas ganas de chegar
tiñan o prezo en pesetas.

Así e todo: o mesmo tendal,
agora fronte ás nosas escollas.

Do medo que tiña ás escaleiras,
xa preferín guindarme eu.
Coma se seguise sendo adolescente,
cheguei a crer que a sinceridade
fose un chaleco salvavidas.
Pero as palabras pesan, turran,
eran croios metidos nos petos.

Braceando para buscarlle ao tempo
ese custo de oportunidade.
E dixeches: "Moi ben, xa o conseguiches".

(Habería que poñerlle unha
perruca a esta lingua calva).

Entón o poema abría os ollos e espertaba no mundo real.

Ti, que estabas
máis guapa calada,

arruináchelo todo.

END OF QUOTE

From far off it appeared the boats were hung
along the horizon line.

I'd been trying to get there since back
when we spent in pounds and pence.

And so: the same line,
now how to follow it.

So scared of the stairs
I'd rather throw myself down.
Behaving like a teenager
I still believed sincerity a lifesaver.
But words weigh you down
they are heavy
like stones in your pockets.

Treading water   to reckon
the opportunity cost.
And you said: *Now you've done it.*

(I should have worn a wig
on that bald tongue).

And so the poem opens its eyes
waking up to the real world.

I would have been better off
just standing there looking pretty.

You've ruined everything.

A MUSA FALOU E NON TRAÍA INTÉRPRETE

Unha interxección de gomaespuma.
O lexicón furgando nos petos dun achacoso albedrío.

Ti, que falas noutro idioma e non te entendo,
es, definitivamente,
demasiado galego para min.

Que amor podería eu vendimar
se o meu desexo tapase a boca?
Tamén nun tempo a pronuncia foi
un asunto de vida ou morte.
Esta bucal cavidade hostil,
estes nervios palatinos.

El era chinés,
falabamos galego.

Que clase de beixo daría se cubrise
a miña boca coa membrana doutra fala?

Esa presión alveolar, eses segredos velares.
Os himnos que se cantan en sincronía de labios,
os que dicían que a súa fame
lles entrara pola lingua.

Ti no outro extremo do mundo,
que fuches ser educado
como para poder follarme no meu idioma propio,
como vas gañar a vida agora
sen ler nin escribir
en mandarín?

THE MUSE SPOKE
BUT SHE DIDN'T BRING AN INTERPRETER

A declaration of foam rubber
the words rummaging around
the battered pockets of choice.

You speak a tongue I don't understand
you are, without a doubt,
just too damn Galician for me.

What class of love could I hope to harvest
with my desire all bottled up inside?
There was a time when how you spoke
was a matter of life and death;
snared by palatal nerves
back in the hateful hollow.

He was Chinese.
We spoke Galego.

What class of a kiss would I give
with my mouth filmed over by another accent?

The alveolar arch, the velar hush
hymns synced with the lips

and those who sang their hunger
through their tongues.

You were educated
on the other side of the world
to come fuck me in my own language.

Now how will you make a living
since you can neither read nor write
in Mandarin?

TELEPROMPTER (Bla bla bla)

Os campos do discurso permanecen incultos.
Onde se rumian as palabras, bótase a lingua a pacer.

Intacto ese alpendre cheo de significados sospeitosos.
No fondal as malas herbas, alegres coma lavercas,
e no prato os refugallos, a cascarilla, esterco.

O mundo é un xigantesco teleprompter
e todos sen baixar o rostro len nel e bla bla bla
espéllanse as pantallas desa lingua madrasta, e a xente
bla, bla, bla, constrúense a súa trampa e, logo, métense nela.
A realidade e mais ti coñecédesvos de vista, pero aprendiches a
bla bla bla, o asno que persegue sempre a mesma cenoria.
A inercia vixía as arterias do mundo, unha
ortodoncia para os membros fonadores.
Repiten bla, bla bla, coma unha apisoadora
repartindo competencias.
Merquemos unhas cantas boas ducias de ouvidos
que xa sinto ese bla bla bla, lambendo o desexo alleo coma se fose un
caramelo. Escoitas bla bla bla
rabaños de neuronas producindo traballo absurdo,
xirando a toda máquina, o mesmo ca nun ximnasio.
Manteñan as súas pertenzas controladas en todo momento
e volve soar bla, bla bla. Blasfeme, blasfememos,
blasfemen.

TELEPROMPTER (Blah blah blah)

The fields of discourse go unploughed,
words are slowly mulled over,
the tongue is left out to pasture.

The barn is full of cagey meanings,
the weeds in the meadow are up like larks,
on the plates the waste, the leftovers, the rind.

The world is just one big teleprompter
we blah blah blah without lowering our heads
and our stepmother tongue glares at us from the screen
while the people are blah blah blah
snared in the traps they set for themselves.
You know reality to see, but you've learned
to blah blah blah like the ass after the always carrot,
apathy flows down the arteries of the world
then orthodontics for the speechifiers.
Their smoothing expertise
steamrolls over with the blah blah blah.
Grab yourself a good few dozen ears
so we can all hear the blah blah blah
that fondly tickles the distant fancies.
Listen to the blah blah blah
of neurons going at it full tilt
berserking in their acrobatics.
For security reasons please keep your belongings with you at all times
'cause here comes the blah blah blah…
Blaspheme, she blasphemes, let's all blaspheme together.

O IBÉRICO CHEGA CON PITCH SHIFTER

Sempre un ton por debaixo das posicións naturais.
Ese fío resgado. Esa corda dislocada.

Dúas tibias desviadas cruzando a serra dos Andes
meten entre paréntese a gramática española.

Percorremos coa boca mil linguas de terra,
nos nosos cercados non se pon o sol.

Zugando as oclusivas, inhábiles para a outredade.
Bótalle a culpa ao acento, que escapule coma un lagarto.

Deixa que che explique que non caso coa pasiva,
coma un ce con cedilla nunca é turco para min.

Mutéame este verso, virxe do Coromoto; masacra ese endiañado
comunismo da declinación.

As mesetas da fonética,
chamizos da morfosintaxe.

(Entenderás que non deixe os meus labios pegadiños:
só o meu discurso me salva
desta cara de española).

Coma se o hipnotizador non chegase nunca a chiscar os dedos.

Hai un idioma para o que menos
case nunca será máis.

YOU ONLY GET IBERIAN WITH THE PITCH SHIFTER

Always one tone below the natural position.
The loose thread, the twisted chord.

A pair of bowlegs crossing the Andes
bracket Spanish grammar.

We range across a thousand tongues of land.
The sun never sets round here.

Licking at their lisps, unfit for the other then blame
as the accent scuttles away like a lizard.

Let me tell you I've no time for passives,
no circumflex to stretch my brain.

Virgin of Coromoto convert for me this verse
and slaughter the demonic commune of declension.

Mesetas of phonetics,
the parched plains of syntax.

(You'll understand if I open my lips
since only my talk can save me
from this Spanish face).

As if the hypnotist never snapped his fingers.

There is a language where
less will never be more.

A PALABRA GALICIA

Para contarche de onde veño
téñoche que sacar a lingua.

Ónde se viu que o lume lamba as follas, lamba a cortiza, lamba a raíz e
lamba un pouco de todo sen apenas entreabrir os labios.

Hai pobos tan educados
                       que nunca ensinan a lingua.

Dende o tumulto dunha cidade impaciente por morder
ti dis *hrvatski, hrvatski,*
iso só pode parecer un idioma que se esputa.

Hai posturas da lingua
                   que non entendo.

Hai que tomar o risco de sacala para fóra, aínda entre os dentes.
Por iso pronuncio maza, digo cercear, zarzallo.

Xa sei que hai quen reserva a lingua.

Coma unha vogal aberta no momento inoportuno,
coma roupa barata, un cheiro sospeitoso.

Hai pobos enteiros que se van da lingua.

Cando me contas que non distingues
en cal dos dous idiomas estou a falar, era
para partirche a boca,
así terías ti tamén unha lingua dividida en dúas
—*coma Corea,* non é?

THE WORD GALICIA

In order to tell you where I'm from
I'll have to stick out my tongue.

Where did you hear that fire licks the leaves, licks the rind, licks
        the roots
& licks a little of everything without opening its lips?

There are people so civilized
                        they never show their tongue.

From the tumult of a town ready to bite
you bark *hrvatski, hrvatski!*
spluttering all over me.

There's tongue positions
                   I'll never get.

Just risk it and stick it all the way out between your teeth,
that's why I say *maza* and *cercear* and *zarzallo.*

I know there's some who would hold their tongue.

Like not pronouncing correctly
the shibboleth to go with the suit,
like a stink of fish.

There are whole towns tripping over their tongues to speak.

When you tell me you can't tell the difference
between the languages I speak
I want to split your lip so you'd know
what It's like to have two tongues
–like in Korea, yes?

Hai linguas que me quedan
                    lonxe.

Hainas con tendencia a saírense da boca e
                    chantarse na solapa,
outras teñen cicatriz de tanto ser mordidas polos dentes.

Hai linguas nas que se fixo sangue.
Un anzol cravado na cartilaxe larínxea.

Hai fonemas que saen dun recuncho bucal que non coñezo,
outros, responden a plans de autoexterminio.

Non me queda outro remedio, señor dos seus silencios, son
escrava das palabras e haberame condenar a miña lingua.

Por iso: cinza, cercella, zazamelo.
Nada de *galisia*, nada de *galichia*,
aténdeme ben: ga-li-Cia.

There are tongues
              held far away from me.

There are tongues roll out of the mouth
                        just to hold up the placards.
Tongues still wounded from being bitten so long.

Bloody tongues, a fish hook
stuck in the laryngeal cartilage.

Sounds that slide from an oral nook I cannot find,
sounds that attend to the waves of self-extermination.

There's nothing left for it my King of silences,
I am a slave to my words
and I'll be condemned for my tongue.

And so: *cinza, cercella, zazamelo.*
None of that *Galisia,* none of your *Galitzia,*
listen up now: it's *Ga-li-thee-a.*

TRADUCIÓN

Só descubrín a súa voz
cando falou nunha lingua que eu comprendía.

Mais non importa.
Imos excretando raíces convertidas en linguaxe.

(Que o meu nome podía ser
cuadrisilábico para ese idioma,
que podía relucir tan ben
se seguido de *habibti*).

Importa menos o que digas se o dis
en italiano,
se o dis
en islandés.

A exipcia que coa zurda escribe en fronte de min
parece un espello.

Modelamos coas cinzas de todo o que un día
ardeu entre linguas de lume.

En todo caso, en todas partes, nós escribimos cara as marxes
e outros cara ao centro.

Porque traes unha polca nas comisuras
haberá que aprender novos pasos de baile.

Mais non importa.
Todos os abrazos son
traducións.

TRANSLATION

I only discovered her voice
when she spoke a language I understood.

No matter   we loose our roots
and coil them into tongues.

(My name you know,
could be four syllables long,
and if followed by *habibti*
could luminously shine).

It matters not a jot
if you say it in Italian,
if you say it in Icelandic.

A mirror in front of me this Egyptian
woman writing with her left hand.

We sculpt with the ashes
of all that was scorched
by the tongues of flame

and at the end of the day we write
towards the margins
while all the rest move to the centre.

New moves will have to be learned
now that you need dance a polka
in the corner of your mouth.

No matter
every hug
is a translation.

NON HAI ORDE MÁIS TIRANA
QUE A ORDE ALFABÉTICA

A brancura dos seus campos son toda unha metonimia,
sepáranse as narrativas nesta historia sanguenta.
Solución inestable. Era metacrilato
o zapatiño de cristal que encaixa perfectamente.

E foi así que chegou unha guerra apadriñando os códigos,
e foi un camiño aínda máis infernal ca a bioloxía.

As palabras labregas sachando as súas ringleiras
e a nobreza de Castela asediando o dicionario.

(Esa avelaíña durará só dúas noites
coma o nome dunha muller persiste só dúas xeracións).

Máis adiante, as palabras,
desenvolvían un virus autoinmune
que as levaba propiamente a se atacaren dende o interior;
a palabra liberdade, por exemplo.

Cando o rabiño do eñe do que gañas
levante o voo como gaivota
oxalá non teñas perdido canto che poida apetecer.

Un día os efes maiúsculos hanse volver armas de fogo.

Coñece a lingua a súa lingua?
Os libros nunca están pechados.

THERE'S NO TYRANNICAL RULE
LIKE THE ALPHABETICAL RULE

The purity of their plains is just a figure of speech,
fictions forcibly removed from the bloody fields of history.
Unstable solutions.   Plastic
the perfectly fit glass slipper.

And so came the war upholding the hallowed codes,
and that was a road worse than natural science.

The sharecropper's tongue turning over his ploughlines
while the Castellated noble bedevils the dictionary.

(The bookworm only lasts a night
like a woman's name a generation.)

Later on the words developed
an autoimmune disease
that attacked them from within,
the word liberty for example.

The only difference
between Brutish and British
is simply
you and I.

One day the Capital F's will all turn back to Uzis.

Does the language know its own tongue?
– The books are still open.

O CORAL

Coma cando un paxaro queda atrapado nunha habitación,
e cada catro segundos ese ruído tristísimo.
Remontamos arreo todos os trens de aterraxe
pero as torres de control estaban do seu lado.
As estúpidas cifras e a súa coacción binaria,
o armazón da galbana estaba do seu lado.
A sedución do coral excretando os seus arrecifes,
quilómetros de estrutura calcaria en augas pouco profundas.
A teimosía dos softwares transformando ao paso as miñas palabras,
as oficinas do trauma estaban do seu lado.
Os dialectos dos próceres, presións atmosféricas,
a galaxia de exvotos estaban do seu lado.

Coma nunha novela realista na que todo é o que parece.
Onde todo tende a ir cara a abaixo, coma a nosa curva da interrogación.
O teorema do contraste, o capital do leste
e a guerra dos outros estaban do seu lado.
Nervios linguais inxectados con anestésico,
todos os termómetros da inmunodeficiencia.

Esta paz entraña riscos e xa se infla a resaca.
Económicos coma holocaustos, sostibles coma estereotipos.
Observo como mingua, como empequenece;
esta educación tiña un ángulo cego.
Unha nena non sorrí por non mostrar a ortodoncia,
a cabeza do fémur martelando no pacto.

Ollo como se ensome, contemplo como concede.
O coral ramifica como en arborescencias.
Brandas baterías que non se reproducen,
todo o desecamento e a gravidade fan o resto.
O armazón da galbana está do seu lado.
O esqueleto do coral parece capilares.

CORAL

Like when a bird gets trapped in a room
and every four seconds that distressed sound.
Though each of us tends the landing gear
the control towers are on their side.
Those ridiculous statistics with their black and white impact
were far too easily found, they were on their side.

How seductive coral excreting miles of reefs
of calcareous architecture in shallow water.
The pig-headedness of software predicting my words,
the trauma rooms were on their side.
The cant of our great leaders and social pressures,
the galaxy of alms were all on their side.

Like a realist novel where everything is as it appears.
Where the tendency is, oddly enough, to fall
            just like our own questioning intonation.
The theory of opposites, Capital in the east,
and the wars were all on their side.
The nerve-ends of the tongue pumped numb,
all the barometers of immunodeficiency.

Peace involves risk and dredging the undertow,
the economics of extermination; manageable as stereotypes.
I watch as it shrinks, gets smaller.
This force-feeding has blind-sided us.
The top of the femur worn down from the long march
a girl doesn't smile just to show her dental work.

I see how it's overcome, I see it concede.
Coral branches out like trees.
Spent batteries that have no more life,
dried out, they let gravity do the rest.
It was too easy, it was all on their side.
The coral skeleton like blood vessels.

(SIC)

Non entres a ese lugar.
Vestíbulo da boca, bóveda palatina,
piso bucal, istmo das fauces.
Baixo as amígdalas residuos
de migallas de linguas mortas.
Mapas tatuados nas mucosas, algunha errata roendo.
Tras da dobra sublingual o demiúrgo da sintaxe,
intestinos orais deglutindo as sonoras.

Os avernos do corpo. A caída da voz.

Onde escoitaches alegría quixen dicir alegoría
onde criches que dicía présa estaba querendo dicir presa
cando sentiches sagrada referíame a sangrada
onde me escoitaches deus quería dicir
adeus.

(SIC)

No entry beyond this point.

The mouth's anteroom
                              the soft palate's vault
oral accommodation
                              isthmus of the jaws
under the tonsils
                              the leavings of dead tongues
maps tattooed on the mucus
                              errata gnawing away
the artifice of syntax
                              across the sublingual fold.

Oral insides devouring sounds.

The bodily torment. The voice's fall.

When you heard glory
                              I meant to say allegory
when you got I was hurried
                              I was actually harried
when you heard believing
                              I was on about bleeding
and when you heard God I was saying
                                            gone!

MUTE. (Ssshhh...)

Non llo digas a ninguén. Olla como todo cala.
O balcón da refinería ás portas de Tannhäuser,
o líquido de freos na súa tobeira de plástico.
As tardes teñen ouvidos, delatoras almofadas,
hai papoulas parabólicas apostadas nos parterres.
O vento chifra *ssshhh...* que adormeza este lapso,
non bebas da choiva que che poida augar a festa,
déixame así, coa palabra na boca,
non tires desta lingua con cadeas causais amarrada,
ssshhh ssshhh conserva esa lingua roma,
toda esta longa mimese non ha de cansar nunca.
Que nunca te perda a lingua, que ela sempre te encontre,
trábaa dunha vez e *ssshhh ssshhh* falta a esa palabra,
senta a ver pasar o idioma que nomea os novos pagos,
esquece o boca-orella, come só de boca a boca,
pero *ssshhh ssshhh* deixa que cale o que ela me dixo unha vez, pola noite,
non botes a lingua fóra, *ssshhh* déixaa contigo, por iso *ssshhh ssshhh*
deixa que un silencio branco te envolva coma un sudario.
Hai demasiada verdade na verdade.
Quixera baixarlle a voz a este poema.

MUTE. (Ssshhh . . .)

Tell no one. Listen. It's quiet.
The refinery balcony to Tannhäuser Gate,
the brake fluid in its plastic reservoir.
The afternoons have ears, pillows that snitch,
parabolic poppies at rest in their beds.
The wind whistles *sshhh...* sleep for now,
don't drink the skyfall it might rain on your parade,
leave me as I am, the words hung on my lips,
stop making sense for once
sshhh sshhh hold your dull tongue
the constant parroting will never stop the squawking.
Don't let your tongue run away with you, may she always
        stay close.
Get tongue tied for good and *sshhh sshhh* miss a word or two,
sit down and watch the new language pass by naming its fee,
forget about word of mouth, just eat mouth to mouth,
but *sshhh sshhh* lets it fall silent what she said to me that night,
don't stick your tongue out, *sshhh*, keep it in and *sshhh sshhh*
leave a white silence around you like a shroud.
There's too much truth in the truth.
I'd like to lower the voice of this poem.

THE WINNER TAKES IT ALL,
A MUSA NON LEVA UN PESO

Cando o ceo cobre a capota e a noite suborna o día
saen do escuro as estrelas con zapatiños de vicetiple.

Todo o que queda na punta da lingua
molla a saliva coa que digo este verso.
Tubérculo, iceberg, un corpo estraño na ostra,
as súas feces estruman todas as miñas fragas.

Todo canto poida dicirche
diríacho só na lingua que non entendas.

Un corpo cavernoso enche os seus motores,
dosifica o seu canto en estilo indirecto.

A miña lingua amadriña o rubor destes poemas
só para que nunca podas lelos ti.

A miña lingua fisterra, un toxo raspando a gorxa,
o máis correúdo dos oito tentáculos fervendo.
Unha tarxeta de memoria na que non colle un alfinete,
o figo meloso que se come só por que non podreza.
A miña lingua é unha coroza no medio de Manhattan,
un soportal de pedra por alí non pasa ningún río,
unha kipá que escurece e medra e medra sobre as cabezas,
o dedo dunha deus negra sinalándonos dende o alto.
A miña lingua é o herexe emulado por un mártir,
o lugar do teu corpo ao que lle tes
medo.

Pequena deslinguada en diferido, fun gardar a man e agora redobro a
          aposta,
mira este ás con ás, onde poño a boca poño a bala.
As palabras convulsas,

THE WINNER TAKES IT ALL,
THE MUSE GOES HOME BROKE

When the sky shuts the hood and the night bribes the day
out from the darkness step the stars with chorus girl taps.

Everything that's left on the tip of my tongue
moistens the saliva that speaks this verse.
Tuber, iceberg, the odd body in the oyster,
their excrement spread through my woods.

And everything I could say to you
I'd say in a tongue you'd never understand.

A cavernous body revs its engines and throttles
the song down in second hand speech.

My tongue cossets the blush in these poems
just so they can never be read by you.

My Land's End tongue gorse grating the throat,
the leatheriest of eight bubbling tentacles.
A memory card that's up to the hilt
the honeyed fig you eat just so it doesn't rot.
My tongue's a mummer's suit in Midtown Manhattan,
a stone colonnade with no river passing,
a darkening kippa that grows and grows on their heads,
a black goddess's finger pointing from above.
My tongue is the heretic emulated by the martyr,
that spot on your body you
fear.

A bit down and dirty on playback, I was about to pull back
             but now
I'm going all in
check out that flying ace, there I go shooting off again,

estas palabras remotas,
as que nunca haberás ler,
orbitais porque son miñas, miña esta
cousa, miña, como miña esta lingua.
Miña.

those meteoric words,
those distant words
you're never going to read,
they're orbital because they're mine, this here
is mine, mine, like this my tongue.
Mine.

Lightning Source UK Ltd.
Milton Keynes UK
UKHW010626260422
402079UK00001B/165

9 781848 616578